L'OUTRAGE AUX  Bonnes Mœurs DEVANT LA LOI

Qu'a fait l'action génitale aux hommes, si naturelle, si nécessaire et si juste, pour n'en oser parler sans vergogne et pour l'exclure des propos sérieux et réglés. (MONTAIGNE, *Essais*, livre II, chapitre v).

La sagesse a ses excès et n'a pas moins besoin de modération que la folie (*Ibid.*)

CE LIVRE EST PUBLIÉ PAR

LA LIGUE POUR LA LIBERTÉ DE L'ART

5, rue du Pont-de-Lodi, PARIS

L'OUTRAGE

AUX

BONNES MŒURS

DEVANT LA LOI

CE LIVRE EST PUBLIÉ PAR

LA LIGUE POUR LA LIBERTÉ DE L'ART

5, rue du Pont-de-Lodi, 5

PARIS

L'OUTRAGE AUX BONNES MŒURS
DEVANT LA LOI

Dans sa séance du 21 février dernier, la Chambre des députés a renvoyé à la Commission un projet de loi voté par le Sénat et ayant pour objet la répression de l'outrage aux bonnes mœurs.

La discussion qui a eu lieu devant la Chambre a prouvé, non seulement que la loi proposée n'était pas viable mais que les lois de 1882 et 1898, qui régissent actuellement la matière, donnaient lieu à des interprétations abusives et contraires à l'intention du législateur.

L'outrage aux bonnes mœurs, contrairement à l'intention du législateur, est un délit de droit commun.

« La loi de 1882, a dit M. de Castelnau, modifia la loi de 1881 sur la presse, en étendant les règles générales de l'article 60 du Code pénal au délit d'outrages aux bonnes mœurs. »

L'article 3 de la loi de 1882 dit, en effet : *la poursuite aura lieu conformément au droit commun.* Le rapporteur, M. Ferdinand Dreyfus affirma, lors de la discussion de cette loi, que le délit d'*outrage aux bonnes mœurs restait un délit de presse* et que les condamnés ne seraient pas privés de leurs droits civils et politiques. Or, ils en sont privés, depuis cette époque, et la *jurisprudence considère l'outrage aux bonnes mœurs comme un délit de droit commun*. Le législateur ignore évidemment cette situation, puisque M. de Castelnau a inséré, dans son contre-projet, la disposition suivante :

« Le jugement portant condamnation à l'emprisonnement *pourra* prononcer contre le condamné l'interdiction pendant cinq ans de l'exercice des droits électoraux. »

Il faut que l'on sache qu'avec la jurisprudence actuelle, le condamné à une simple amende est privé de ces droits à perpétuité (discours de M. Bérenger au Sénat, 1904).

La loi actuelle favorise l'arbitraire.

« Il faut éviter, a dit M. Dejeante, l'arbitraire administratif. Dans certaines villes de province, tel libraire qui déplaira à tel magistrat et qui aura dans sa maison certains dessins ou journaux qui pourront paraître, impunément d'ailleurs, dans d'autres villes, sera poursuivi et condamné. »

C'est précisément ce qui a lieu avec la loi actuelle.

A Bordeaux, à Rochefort, à Rouen (1), vingt marchands de journaux ont été poursuivis et condamnés pour avoir vendu des publications parisiennes qui se vendaient impunément à Paris et dans toute la France. Ils n'avaient même pas lu ces publications et, les eussent-ils lues, ils avaient encore le droit de les estimer innocentes, puisque telle était l'opinion des juges de Paris et du reste de la France.

La Compagnie d'Orléans a profité de ces condamnations pour interdire la vente d'une dizaine de journaux dans ses gares. Elle

. (1) Actuellement, des poursuites sont engagées, à Toulouse, contre 19 marchands de journaux et de cartes postales, sur la dénonciation et à la requête d'un certain Pourésy, commis-voyageur anti-pornographique.

a interdit, de même, de nombreux livres, entre autres : *Tigre et Coquelicot*, de M. Charles-Henri Hirsch, dont la couverture a été jugée obscène par M. Heurteau, directeur de la Compagnie, bien que ce livre ait été vendu librement chez tous les libraires de France et de l'Etranger.

Les annonces obscènes.

Le projet de loi soumis à la Chambre a précisé par un texte ce qu'il faut entendre par « annonces obscènes ».

Il est nécessaire de préciser, en effet.

Pour une annonce de « chambres meublées », une dame E.,. a été condamnée, le 31 juillet 1906, par le tribunal correctionnel de la Seine, *parce qu'un agent de la Sûreté, s'étant présenté chez la dite dame, sans faire connaître sa qualité, s'est vu offrir des femmes de divers prix variant de 10 à 100 francs*. Le jugement constate que l'annonce ne contenait, en la forme, rien d'incorrect ou de contraire aux bonnes mœurs. Il n'en condamne pas moins la dame E... et les gérants des deux journaux qui ont publié son annonce. En vertu de cette jurisprudence, il faudra poursuivre pour escroquerie les gérants des journaux qui publient des annonces de pommades capillaires, lesquelles ne sont, le plus souvent, que des attrape-nigauds.

Ajoutons que Mme E... bénéficia de l'application de la loi de sursis ; les gérants des deux journaux n'en bénéficièrent point.

Les lois de 1882 et de 1898 froissent les consciences et constituent un danger public.

« Est-ce que, jusqu'à ce jour, a dit M. le commissaire du Gouvernement chargé de soutenir le nouveau projet de loi, est-ce que l'application de la loi de 1882 et de la loi de 1898 a froissé les consciences ? Est-ce qu'il s'est produit, à raison de l'application de ces lois, quelque fait qui soit allé à l'encontre du respect intangible dû à nos libertés essentielles ? »

Oui, les lois de 1882 et de 1898 ont froissé de nombreuses consciences ; car les artistes n'ont pas, et ont le droit de ne pas avoir, sur la morale, les mêmes idées que M. Bérenger.

Un jeune poète n'a pas et ne peut pas avoir, sur la morale, les mêmes idées qu'un vieux magistrat. Un jeune poète est cependant aussi utile à la République qu'un vieux magistrat.

Qu'est-ce que la morale ? Les religions ont fait faillite en France ; la morale religieuse n'existe plus ; la morale laïque ne pourrait exister qu'en vertu d'une loi ou d'un décret. La loi française ne reconnaît aucun dogme, pas plus le dogme de la morale sexuelle que le dogme de l'Eucharistie.

Oui, il s'est produit, à raison de l'application des lois de 1882 et de 1898, de nombreux faits qui sont allés à l'encontre du respect intangible dû à nos libertés essentielles.

Citons quelques-uns de ces faits :

Jean Richepin, condamné à un mois de prison pour avoir publié la *Chanson des gueux*.

Paul Adam, condamné à quinze jours de prison pour son premier roman : *Chair molle* ; aujourd'hui, réhabilité et officier de la Légion d'honneur.

René Maizeroy, condamné à trois cents francs d'amende pour son roman : *Deux amies*.

Steinlen, condamné pour un dessin paru dans le *Gil Blas* illustré.

Catulle Mendès, poursuivi en police correctionnelle pour un conte paru dans l'*Echo de Paris* ; aujourd'hui officier de la Légion d'honneur.

Forain, chevalier de la Légion d'honneur, poursuivi, en 1891, pour un dessin paru dans le *Courrier Français*.

— Je suis la Sainte démocratie ; J'attend s mes amants.

Ce dessin de Willette a paru dans le *Courrier français*, en 1887, et fut poursuivi. Une campagne de presse arrêta heureusement les poursuites. Les journaux étaient encore, en ces temps lointains, autre chose que de simples entreprises de publicité.

Willette, chevalier de la Légion d'honneur, poursuivi deux fois : 1° en 1887, pour un dessin du *Courrier Français* : *La sainte Démocratie* ; 2° en 1896, 26 décembre, pour un dessin du *Rire* : *La Prière de Madeleine.*

Raoul Ponchon, condamné à quinze jours de prison, en 1892, pour la publication d'une poésie dans le *Courrier Français.*

Jean Véber, chevalier de la Légion d'honneur, poursuivi, en 1901, pour la publication d'un dessin : *L'Impudique Albion*, dans l'*Assiette au Beurre.*

Oscar Méténier, condamné à cinq cents francs d'amende pour la REPRODUCTION, dans le journal *Le Supplément*, d'un roman, *Madame La Boule*, qui avait paru, précédemment, dans le *Gil Blas* et en librairie, sans motiver de poursuites.

Ce qui était irréprochable dans un journal à trois sous et dans un volume à trois francs cinquante, devenait pornographique dans un journal à cinq centimes ! (Et disons, à ce propos, que la distinction faite par la loi de 1881 entre le livre et le journal n'a plus de raison d'être, car le livre est devenu, maintenant, comme le journal, une publication à bon marché. En sorte que s'il plaît demain à un éditeur de publier, sous la forme d'un livre à cinq centimes, telle œuvre classiquement pornographique comme l'*Examen de Flora*, il sera passible de la Cour d'assises qui le condamnera certainement, mais qui le *condamnera pour délit de presse : et il restera électeur* ; s'il publie cette même œuvre, ou simplement une œuvre littéraire légère, dans un journal à soixante-quinze centimes, il relèvera de la juridiction correctionnelle *qui le condamnera pour un délit de droit commun !*)

Charles Lapierre, poursuivi pour un dessin paru, en 1900, dans le *Fin de siècle.* Ce dessin était une simple copie de la fameuse pendule de Falconnet, alors exposée au Petit Palais.

Lucien Descaves, poursuivi sous la double inculpation d'outrage à l'armée et d'outrage aux bonnes mœurs, pour son roman : *Sous-Offs.*

Hugues Delorme, condamné à 100 francs d'amende, en 1895, pour la publication d'un sonnet dans le *Courrier Français.*

X..., aujourd'hui officier de la Légion d'honneur, poursuivi pour la publication d'un conte dans le *Gil Blas.* Mais les poursuites furent arrêtées, parce que X... était ancien élève de l'Ecole Polytechnique, et qu'à cette époque régnait à l'Elysée un prince qui aimait beaucoup les Polytechniciens.

Louis Legrand, deux fois condamné pour des dessins parus dans le *Courrier Français.* On l'a décoré l'autre jour. Et, au banquet qui fut offert à l'artiste pour célébrer cette décoration, M. Barthou a dit « qu'il était heureux de faire partie du Ministère qui décorait Louis Legrand et qui réparait ainsi les bévues de la magistrature ».

Faut-il d'autres exemples? Nous pourrions en fournir des centaines; mais ceux que nous venons d'indiquer suffisent. Toutes ces poursuites et toutes ces condamnations vont, évidemment, à l'encontre du « respect dû à nos libertés essentielles » et constituent, vraiment, un scandale public qu'il est grand temps de faire cesser.

LA PRIÈRE DE MADELEINE.

Ce dessin, qui parut dans le *Rire* du 26 décembre 1896, n'est pas, comme on le pourrait croire, une œuvre d'art. C'est une devinette qui devrait avoir pour titre : « *Cherchez le phallus ?* » M. Bérenger, qui avait trouvé le phallus, dénonça Willette ; le juge d'instruction, qui l'avait trouvé également, « cuisina » Willette pendant quinze jours, pour lui faire avouer son forfait, mais Willette n'avoua pas, pour la bonne raison que ce phallus n'existe pas.

— Le goret qui a trouvé cela dans le soulier de Madeleine !

Ce dessin est la réponse de Willette aux « phallomanes », qui avaient poursuivi la *Prière de Madeleine*. La loi de 1898 autorise souvent de pareils outrages à la magistrature.

L'IMPUDIQUE ALBION.

Ce dessin de Jean Véber a paru dans l'*Assiette au beurre*. Il fut poursuivi sous la double inculpation d'outrage à un souverain étranger et d'*outrage aux bonnes mœurs*. C'était au temps de la guerre du Transvaal, longtemps, bien longtemps avant l'Entente cordiale.

COMMENT IL FAUT RÉPRIMER L'OUTRAGE AUX BONNES MŒURS

L'art n'a rien de commun avec l'obscénité. Cependant la loi les confond.

Est-ce à dire qu'il ne faille pas enrayer le flot débordant de la pornographie et détruire ce honteux commerce d'obscénités qui prend de jour en jour un développement plus considérable ?

Nous n'avons jamais eu cette pensée. Mais si le commerce d'obscénités s'est développé dans des proportions que nous déplorons tous, ce n'est pas parce que la loi était insuffisante : c'est parce qu'elle était mal faite.

Toute loi pénale est un remède formulé par le législateur pour prévenir et conjurer les maladies sociales. Or, le médecin, pour guérir son malade, est obligé d'établir d'abord un diagnostic précis, de définir la maladie. La loi qui ne définit pas le délit qu'elle prétend réprimer n'est qu'un remède empirique.

Et, non seulement les lois de 1882 et de 1898 n'ont pas défini le délit d'outrage aux bonnes mœurs, mais elles n'ont même pas su établir une distinction entre l'art et la pornographie, entre la poésie légère et les hymnes que l'on chante dans les maisons closes, entre la publication d'un dessin de Willette et la vente de certains articles en caoutchouc.

Bien mieux, la loi que le Sénat a votée, que la Chambre a rejetée, mais qui va lui être proposée de nouveau avec quelques

2

modifications de détails, *soumet l'art léger et le commerce obscène au bon plaisir de la police*. Si Fragonard revenait au monde, les sergents de ville déchireraient ses estampes (1), et rien n'empêchera, demain, un vertueux gardien de square de mutiler les statues des Tuileries.

Déjà, l'an dernier, dans une conférence que M. Bérenger donnait à l'Ecole des Hautes études sociales, un énergumène a demandé que toutes ces nudités fussent démolies, « car il ne pouvait, père de famille moral, conduire ses enfants dans les jardins publics où s'étalent tant d'infamies ! »

Si la France n'est pas la Béotie, la loi française a le devoir d'être plus intelligente que ce père de famille ; elle a le devoir de définir le délit d'outrage aux bonnes mœurs, avant de le punir, comme elle s'est donné la peine de définir le vol, le meurtre et l'assassinat.

Il est impossible, nous dit-on, de donner une telle définition. Si cela était exact, il faudrait renoncer à punir le délit qu'on a dénommé « outrage aux bonnes mœurs », car il est contraire à tous les principes de la Justice, de la Liberté, de la Déclaration des Droits de l'Homme, de frapper un citoyen de peines afflictives et infamantes sans lui donner les raisons précises pour lesquelles la vindicte sociale exige qu'il soit châtié.

Ces raisons, le Code pénal les donne toujours avec une minutie extrême, puisqu'il va jusqu'à établir une distinction entre le vol simple et le vol qualifié, entre diverses espèces de faux, entre le meurtre et l'assassinat. Et le juge est esclave de ces textes précis qui sont, en même temps que la sauvegarde de la société, la garantie des justiciables. Priver de ces garanties l'écrivain ou l'ar-

---

(1) Ses tableaux pourraient encore figurer au Salon. Mais il ne faudrait pas qu'il s'avisât de collaborer à des journaux illustrés. Quand on parle à M. Bérenger de Rabelais, il vous répond : « Oui, je sais, mais il n'était pas journaliste » (*authentique*).

tiste, voire même le plus avéré des pornographes ou le fabricant d'appareils en caoutchouc, est simplement inique.

On n'essaie pas de définir l'obscénité parce qu'il faudrait, pour cela, se servir de mots... sales ? Moïse n'avait pas de ces scrupules. La loi n'est pas une personne pudibonde ; elle n'a pas le droit d'exiger qu'on la comprenne à demi-mot. « Quoi, disait Montaigne, nous prononçons hardiment *tuer*, *dérober*, *trahir*, et CELA nous n'oserions qu'entre les dents ! » La loi a le droit et le devoir de parler hautement, clairement, intelligiblement. Elle n'est ni catholique, ni protestante, ni jésuite, ni puritaine, et le Code n'est pas un livre écrit pour les petites filles.

Il est très facile de définir l'obscénité.

Pourquoi n'a-t-on pas su, jusqu'à ce jour, trouver de définition plausible, acceptable de l'outrage aux bonnes mœurs ? Tout simplement — nous allons le démontrer — parce que ces mots : « outrage aux bonnes mœurs », ne signifient rien.

Qu'est-ce que les bonnes mœurs ? Ce sont, à n'en pas douter, les mœurs d'aujourd'hui. Nous nous garderons bien de rechercher si elles sont vraiment bonnes, en quoi elles sont meilleures que celles d'hier. Ce sont les mœurs courantes ; il nous plaît de les proclamer bonnes ; la loi elle-même les proclame bonnes ; toute discussion serait oiseuse. Ce qui nous intéresse seulement, c'est de savoir comment on peut les outrager.

Dans cette conférence de l'école des Hautes études sociales, à laquelle nous faisions allusion plus haut, quelqu'un posa à M. Bérenger la question suivante :

« Vous qui poursuivez sans relâche toutes les manifestations de la licence : dans les rues, dans les journaux, dans les boudoirs, dans les bals d'artistes, dans les gares, dans les maisons closes, pourquoi tolérez-vous la publication, dans les journaux populaires, de récits, de feuilletons, de gravures qui représentent, avec les détails les plus réalistes, des scènes de meurtre, d'assassinat, d'incendie ? »

Et M. Bérenger répondit :

« Je déplore ces publications, mais la loi ne me permet pas de les poursuivre. »

Or, la loi de 1898 punit *tout ce qui est contraire aux bonnes mœurs.* M. Bérenger voulait-il dire que, pour lui, le meurtre, l'assassinat et l'incendie n'étaient pas contraires aux bonnes mœurs ? Evidemment non.

Mais ce qu'il voulait dire, ce que la loi ne dit pas, mais ce que la jurisprudence sous-entend, c'est que le mot *morale* signifie aujourd'hui : *morale sexuelle.* Les bonnes mœurs, c'est, uniquement, la Pudeur, et l'outrage aux bonnes mœurs, devant la loi, *c'est l'outrage à la Pudeur commis par la voie de la presse.*

Il est déjà étrange qu'on ait fait de ce délit de presse, *qui ne peut être commis que par la voie de la presse,* un délit de droit commun ; mais ce qui est plus étrange encore, c'est que l'on ait confondu ce qui est *contraire à la pudeur* avec ce qui est *obscène.*

Tels chefs-d'œuvre classiques sont manifestement contraires à la pudeur ; nos musées et nos jardins publics sont remplis de merveilles glorieusement impudiques, mais personne n'ose dire que ces chefs-d'œuvre soient obscènes.

Tout le monde est d'accord là-dessus, — tout le monde sauf le législateur de 1882, qui a confondu dans la même réprobation l'absence de pudeur et l'obscénité, sans considérer que les impudicités d'aujourd'hui peuvent fort bien devenir les chefs-d'œuvre de demain.

C'est donc cette confusion qu'il faut tout d'abord faire cesser, et nous nous apercevons tout de suite que s'il est, en effet, impossible de définir ce qui est contraire aux bonnes mœurs, il est aussi facile de définir l'obscénité que le vol, le meurtre ou l'assassinat.

Que l'on veuille bien se donner la peine de chercher cette définition, et l'on ne risquera plus de voir, dans l'avenir, de jeunes
artistes goûter, avant les douceurs de la gloire, les amertumes du
casier judiciaire. On ne risquera plus de ridiculiser pour l'éternité
des magistrats qui se croiraient obligés de donner des leçons de
bon goût à un Gustave Flaubert (1) ; on ne risquera plus de dé-
shonorer aujourd'hui ce que l'on voudra honorer demain ; on
condamnera toujours les marchands de cartes transparentes, mais
on ne fera plus asseoir Jean Richepin sur les bancs de la Correctionnelle avant de lui donner un siège à l'Académie.

Le délit de commerce obscène.

Le délit de *commerce obscène* pourra rester — personne n'y verra
d'inconvénients — un délit de droit commun, car il est certain que
pas un artiste, pas un écrivain digne de ce nom ne commettra
jamais cette chose vile et sale qui est bien le contraire de l'art,
aussi contraire à l'art que contraire aux bonnes mœurs.

Le délit de « publication licencieuse ».

Et si, une fois l'obscénité dûment définie, classée, cataloguée
parmi les dangers sociaux, s'il reste encore aux yeux des législa-
teurs, et conformément à l'opinion de M. Toutain, Président de
la neuvième Chambre, « certains écarts de plume ou de crayon
contre lesquels la morale doit être protégée », il suffira que la loi
constate formellement qu'un abîme sépare ces écarts de plume ou
de crayon du délit d'obscénité ; qu'une femme nue, dessinée par
Louis Legrand, n'a rien de commun avec la carte transparente que

(1) Le jugement du 8 février 1858 reproche *textuellement* à **Flaubert**
d'avoir *exagéré ses personnages* et de les *avoir imprégnés d'un réa-
lisme vulgaire et choquant.*

le camelot raccrocheur glisse dans la poche des vieux messieurs. En un mot, il suffira que la loi dise expressément que le délit de *publication licencieuse* est un délit de presse, c'est-à-dire un délit d'opinion, indéfinissable celui-là, et relevant par conséquent d'un tribunal d'opinion : La Cour d'Assises.

Quelques définitions de l'outrage aux bonnes mœurs.

Les lois du 2 août 1882 et du 16 mars 1898 ayant omis de définir le délit qu'elles prétendaient réprimer, les tribunaux se sont trouvés, souvent, fort embarrassés pour appliquer ces lois. Ils ont donc, parfois, essayé de compléter l'œuvre du législateur, en définissant l'*outrage aux bonnes mœurs*.

Quelques-unes de ces définitions sont intéressantes à retenir.

C'est, tout d'abord, la Cour de Grenoble qui déclare que l'obscénité consiste à *montrer les parties du corps de l'homme ou de la femme qui doivent être cachées.*

S'il en est ainsi, le Louvre est plein d'obscénités, et l'Etat est le premier passible des peines portées à l'article 4 de la loi du 2 mars 1898, lequel punit expressément l'*exposition dans un lieu public* de gravures, dessins, etc., obscènes ou contraires aux bonnes mœurs.

Nous croyons que le législateur trouvera sans peine une définition plus exacte et plus précise de l'obscénité.

La Cour d'appel de Paris avait à juger, le 24 janvier 1902, un dessin paru dans le journal le *Jean qui rit* et représentant un pot à eau, un tub, une cuvette et une serviette épars sur un plancher.

La Cour, présidée par M. Bidault de l'Isle, jugea que si ce dessin et la légende qui l'accompagne : « *après la bataille* » ne sont pas

APRÈS LA BATAILLE.

Ce dessin a été condamné par la Cour d'appel de Paris (24 janvier 1903) *« attendu qu'il a pour but de faire naître des idées impudiques et lascives »*.

à proprement parler obscènes, ils n'en sont pas moins contraires aux bonnes mœurs, *parce qu'ils ont évidemment pour but de faire naître des idées impudiques et lascives* (1).

En conséquence, il faudrait poursuivre et condamner :

1° La musique de Massenet ;

2° le soleil printanier ;

3° Des expressions courantes, mais qui font naître invincible-ment des idées impudiques et lascives, telles que : *Une nuit de*

(1)   Par de pareils objets les âmes sont blessées
        Et cela fait venir de coupables pensées.

                          (*Tartufe.*)

noces, *la lune de miel, je vous aime, Vous êtes si jolie*, etc., etc. Les bonnes mœurs sont effroyablement outragées par ces appels cyniques à l'impudicité et à la lasciveté ;

4° Les couturiers qui « font valoir » par tous les moyens possibles les formes de leurs clientes. Au lieu de les décorer, on ferait mieux de les poursuivre pour infraction à la loi de 1898 ;

5° Les modistes, parfumeurs, coiffeurs, marchands de rubans, de fleurs artificielles, de soieries, de lingeries ou de cotonnades, dont le commerce a pour but de faire naître, en augmentant la beauté des femmes, les idées les plus impudiques ;

6° Les annonces impudiques qui, sous la forme de numéros énormes, flamboient au fronton de certaines maisons tolérées par la police. Ces annonces ont pour but *unique* de faire naître des idées lascives ;

7° Les bals officiels où les femmes sont *obligées* de se décolleter, ce qui contrevient doublement à la loi : car elles montrent ainsi des parties de leur corps qui doivent être cachées (Cour d'appel de Grenoble) et elles font naître, spécialement dans les jeunes âmes, des idées impudiques et lascives ;

8° Enfin, les spectacles de la ville et des champs où des animaux sans pudeur jouent les scènes les plus lascives.

Etc., etc...

Définition de M. Bérenger.

Après avoir refusé, pendant de nombreuses années, d'écouter les doléances de ses victimes, c'est-à-dire des artistes qu'il avait fait condamner à la prison et à l'amende, M. Bérenger s'est avisé soudain, l'an passé, qu'il était assez juste, en somme, quand on déshonorait les gens, de leur dire pourquoi.

« On croit nous embarrasser, écrivit M. Bérenger dans l'*Echo de Paris*, en nous demandant des définitions... L'abbé Sertil-

UN ÉTALAGE OBSCÈNE.

Ce dessin d'Heidbrink qui a paru dans le *Courrier Français*, montre tout ce que l'on ne poursuit pas, que l'on devrait poursuivre et que l'on poursuivra certainement un de ces jours, car tous ces objets font naître, invinciblement, des idées impudiques et lascives.

langes (2) a dit excellemment : *Est obscène tout ce qui trouble la chair*. J'ajouterai : *Est immoral tout ce qui peut corrompre l'enfant*. »

Tout ce qui trouble la chair ! De quelle chair, d'abord, voulez-vous parler ? Est-ce de la chair de l'homme ou de la chair de la femme ? De la chair du laïque ou de la chair du moine ? De la chair du dominicain ou de la chair du carme ? De la chair de l'artiste ou de la chair du magistrat ? De la chair chrétienne ou de la chair juive, musulmane, bouddhiste, française, anglaise, russe, japonaise ou américaine ? Ces différentes espèces de chairs ne se troublent pas par les mêmes moyens. Votre définition est un tantinet imprécise. Nous aimons encore mieux : *ce qui fait naître des idées impudiques et lascives*. C'est aussi jésuitique, mais c'est plus clair, plus harmonieux, d'une meilleure littérature.

Quant à *ce qui peut corrompre l'enfant*, l'idée est fort louable de vouloir le poursuivre ; mais ce qui corrompt l'enfant, ô sénateur Bérenger, c'est la misère, c'est la promiscuité des familles pauvres, c'est l'atelier, c'est l'usine, c'est même le lycée ou le petit séminaire, avant, bien avant ce que vous appelez les « mauvaises lectures ». Et puis, ô sénateur Bérenger, l'écrivain et l'artiste ont droit au respect, tout autant que l'enfant.

« Les enfants, on les couche ! » a dit Willette. Parfaitement. Quand vous voulez parler de choses que les enfants ne doivent pas entendre, vous les couchez ; si vous estimez qu'ils ne doivent point voir l'œuvre que le dur labeur de l'artiste a créée, ne leur montrez par cette œuvre. C'est plus simple et moins inique que d'envoyer l'artiste en prison.

Enfin, quand nous vous demandons une définition de l'outrage aux bonnes mœurs, nous ne vous demandons pas des formules jésuitiques extraites des *monita secreta* ou même des livres saints.

(2) Ancien dominicain. Professeur à l'Institut catholique.

Le code est laïque. Le père Sertillanges peut nous menacer des peines éternelles, mais les peines temporelles ne sont pas — ne sont plus — de son ressort. Bon gré, mal gré, il faut renoncer, mon Père, à diriger le bras séculier.

L'opinion de M. le président Toutain.

Nous avons démontré surabondamment que la raison, l'équité, les principes élémentaires de la simple probité rendaient nécessaire la définition du délit d'outrage aux bonnes mœurs. Nous sommes donc bien certain que le législateur ne s'arrêtera pas un seul instant à cette opinion émise, le 31 juillet 1906, par M. le président Toutain, et qui vaut, cependant, la peine d'être connue.

« Attendu que... pour juger les diverses manifestations de la pen-
« sée, il ne faut pas perdre de vue que le législateur n'ayant point
« défini l'obscénité, et AYANT MÊME RENDU CETTE DÉFINITION INUTILE
« *en mettant sur le même pied, par la répression, les manifestations*
« *obscènes et celles qui sont simplement contraires aux bonnes mœurs,*
« il en résulte pour le juge une très grande liberté d'appréciation
« dont il ne faut pas abuser... »

Il est impossible de dire en de meilleurs termes que la définition que nous réclamons est utile, indispensable : car la liberté d'appréciation du juge a pour corollaire la liberté d'appréciation du justiciable, et quand ce justiciable s'appelle Baudelaire ou Flaubert, son appréciation vaut bien celle de M. le Président Toutain.

Il est impossible de montrer plus clairement tout l'odieux de ces lois de 1882 et de 1898, qui *mettent sur le même pied par la répression* ce qui est obscène, — c'est-à-dire la carte transparente ou l'objet en caoutchouc, — et ce qui est *seulement* contraire aux bonnes mœurs, — c'est-à-dire les *Fleurs du mal, Madame Bovary* ou la *Chanson des gueux*. Le même cabanon attend, à Fresnes, les imitateurs de Jean Richepin et les fabricants d'articles pour l'usage intime des deux sexes ; leurs casiers judiciaires porteront la même mention ; et, s'ils récidivent, ou les reléguera en chœur. Ceci n'est pas une plaisanterie : c'est la loi.

Faut-il espérer que le juge n'abusera jamais, comme le lui conseille M. Toutain, de cette très grande liberté d'appréciation que lui laisse la loi ? Ecoutons encore les sages conseils de M. Toutain (même jugement) :

« Qu'ainsi, en ce qui concerne les œuvres d'imagination et notamment les légendes des dessins, il ne faut pas analyser avec trop d'effort les allusions et les équivoques, pour sévir ensuite, si ces allusions et ces équivoques, dont il a toujours été fait un usage courant dans la littérature et dans l'art, font *sourire ceux qui savent sans faire sourciller ceux qui ignorent, et ne heurtent pas la pudeur par une évidence grossière crevant les yeux...* »

C'est parfait, dira-t-on ; le juge qui sourit est un juge désarmé ; le juge n'est pas bégueule ; le juge est sage ; il ne frappera que les impudicités dont l'évidence grossière crèvera ses yeux... Et voyez comment M. Toutain applique lui-même les excellents principes qu'il vient de formuler :

— Je crois que c'est Clara !

Ce dessin et cette légende, qui ont été vus cent fois, ont été condamnés par M. le président Toutain (500 francs d'amende). attendu que « s'ils ne sont pas obscènes, ils sont certainement contraires aux bonnes mœurs ».

Et allez donc ! Comptez, après cela, que le juge n'abusera jamais de sa liberté d'appréciation, et comptez, comme le dit tou-

— Il est rien trompeur, ton nez !

Le président Fournel demanda à l'auteur de ce dessin, poursuivi devant la 9ᵉ chambre, ce que signifiaient ces mots : « Il est rien trompeur, ton nez ». L'artiste répondit : « Ça signifie : il est rien trompeur, ton nez ! » — Non ! répliqua le président Fournel. En parlant de ce nez, vous avez voulu faire allusion à un autre organe que je ne veux pas nommer ». Cette *intention allusoire* coûta à l'artiste 200 francs d'amende, avec privation des droits civils.

jours M. Toutain, qu'il saura *observer la mesure pour ne point opprimer l'esprit français, sinon gaulois* (1), *par un rigorisme excessif* .

(1) L'esprit gaulois ne trouve point grâce. Rabelais et Lafontaine ont bien fait de mourir avant que naquît M. Toutain.

LA LOI DE 1898, M. BÉRENGER ET SES LIGUES

Nous avons vu comment la loi de 1898 était comprise et appliquée par les tribunaux qui, malgré l'intention formelle du législateur, contre toute raison et tout bon sens, ont fait un délit d'outrage aux bonnes mœurs, *commis par la voie de la presse*, un délit
de droit commun. Nous avons dit et prouvé que la liberté illimitée
d'appréciation laissée aux juges correctionnels présentait les plus
grands dangers pour la liberté de l'art et la dignité des artistes.

Mais il est encore d'autres victimes de cette loi, — nous voulons parler des libraires et marchands de journaux, — victimes
plus modestes mais non moins intéressantes, dont la bonne foi est
évidente et qui n'ont aucun moyen d'échapper aux embûches de
ces hommes moraux, de ces ligues morales qui croient être l'hon
neur et qui sont la honte de la République.

Le premier de ces hommes moraux, le chef de ces ligues morales qui se composent, en réalité, de quelques vieilles dames,
d'une demi-douzaine de congréganistes sécularisés et d'une douzaine de ministres de la religion réformée — assemblés en une
petite chapelle sous l'invocation des saints Torquemada et Calvin,
— le chef de ces ligues morales est M. Bérenger, ancien procureur impérial, sénateur innamovible.

L'auteur de la loi de sursis ? Non. L'auteur de la loi de sursis
est M. Lejeune, sénateur belge. M. Bérenger est un ancien procureur impérial, qui s'est peut-être consolé de la chûte de l'Empire,

mais qui ne se console pas de la perte de ses fonctions et qui
s'est promu, de sa propre autorité, procureur général de la République. Et, depuis vingt ans, ce procureur officieux s'acharne
à poursuivre toutes les manifestations de la pensée ayant un
rapport quelconque, si lointain soit-il, avec ce qu'il lui a plu
d'appeler le « mystère des sexes (1) ». En sorte que M. Bérenger
a presque cessé d'être un homme pour devenir un Symbole.

Essayez, un jour, de réunir chez vous une vingtaine de per-
sonnes d'une honorabilité éprouvée, d'une moralité incontestable.
Et, tout d'un coup, tandis qu'une demoiselle chante, au piano,
quelque romance sentimentale, annoncez l'arrivée de M. le sénateur Bérenger : un rire gaudriolesque empoignera les messieurs
et les dames cacheront, derrière l'éventail, le sourire de leur pudeur effarouchée. Car le nom seul de M. Bérenger fait naître im-
médiatement, pour parler comme M. le président Bidault de L'Isle,
des idées impudiques et lascives. M. Bérenger est le symbole vi-
vant de la Pornographie.

... Donc, M. Bérenger, après avoir dénoncé, pendant vingt ans,
les artistes coupables d'avoir remarqué que le corps de la femme
n'était pas une ligne droite, après avoir obtenu des poursuites et
des condamnations contre les meilleurs et les plus illustres, —
M. Bérenger s'est aperçu que la prison, l'amende, la privation des
droits civils demeuraient inefficaces contre cette race intraitable
et funeste des travailleurs de la pensée. Alors, sans abandonner
sa persécution contre les producteurs, il s'est attaqué aux inter-
médiaires, c'est-à-dire aux libraires et marchands de journaux
coupables de diffuser la pensée subversive. Dans cette nouvelle et
noble tâche, il fut puissamment aidé par quelques sections pro-
vinciales de sa ligue, spécialement, — et nous ne voulons retenir
ici qu'un exemple, parce que cet exemple est typique — par le

(1) Le foie, la rate, le pancréas, le colon et l'intestin grêle ont aussi
leur mystère, tout aussi mystérieux que le mystère des sexes.

Comité bordelais de vigilance pour la protection morale de la jeunesse et la répression de la licence des rues.

Sur la dénonciation de ce comité dont le secrétaire général est M. Albert Rödel, fabricant de conserves et frère d'un avocat général près la Cour de Bordeaux (l'un dénonce, l'autre poursuit), une vingtaine de marchands [de journaux ont été poursuivis et condamnés pour la vente de publications qui n'étaient ni poursuivies ni condamnées dans le reste de la France.

Mieux encore !

M. G..., marchand de journaux à Bordeaux, fut poursuivi en 1906 pour avoir vendu un numéro du journal l'*Amour*, lequel contenait un article qualifié obscène. Or, cet article n'était qu'une *reproduction* ; il avait été publié précédemment, à notre connaissance, dans *trois autres journaux*. M. G... ne l'avait pas lu ; mais s'il l'avait lu, il pouvait s'estimer à l'abri de toutes poursuites par les publications antérieures, qui n'avaient alarmé aucun parquet ; il n'en fut pas moins condamné à 16 francs d'amende, peine qui entraîne la privation des droits civils.

Une vingtaine d'autres condamnations furent prononcées, à Bordeaux, à peu près dans les mêmes conditions, *et sans que les directeurs ou gérants des journaux incriminés fussent même informés des poursuites*. Et le comité bordelais de vigilance, s'armant de ces condamnations, est parvenu à terroriser tous les libraires et marchands de journaux de la région, et à interdire, en fait, la vente de tous les journaux qui lui déplaisaient. S'il lui plaît, demain, de supprimer un journal politique, il lui sera facile de trouver, dans une annonce ou dans n'importe quel feuilleton (1), matière à

---

(1) Le reproche d'immoralité, qui n'a jamais failli à l'écrivain courageux, est d'ailleurs le dernier qui reste à faire, quand on n'a plus rien à dire à un poète. Si vous êtes vrai dans vos peintures ; si, à force de travaux diurnes et nocturnes, vous parvenez à écrire la langue la plus difficile du monde, on vous jette alors le mot « immoral » à la

Ce dessin est-il pornographique ?

Oui, — car il a servi à l'illustration d'un livre, que la compagnie des chemins de fer d'Orléans a refusé de mettre en vente, uniquement à *cause de ce dessin p ono-graphique.*

---

poursuites : La maison Rödel frères dénoncera (par l'organe de M. Albert Rödel) et poursuivra (par l'autorité de l'avocat général Rödel)... C'est ainsi que les églises catholiques — romaine, luthérienne et calviniste — ont compris, de tout temps, la liberté de penser.

Enfin, il importe de noter, en passant, qu'il est souverainement inique et absolument *illégal* de supprimer des journaux, quels

face. Quand on veut tuer quelqu'un, on le taxe d'immoralité. Cette manœuvre, familière aux partis, est la honte de tous ceux qui l'emploient (BALZAC, la *Comédie Humaine*, avant-propos).

qu'ils soient, *même s'ils viennent d'être condamnés pour pornographie* ; car si le numéro d'hier était pornographique, rien ne prouve que le numéro de demain le sera encore.

En janvier 1906, M. Clémenceau, alors Directeur de l'*Aurore*, averti que la vente du journal l'*Assiette au beurre* avait été interdite dans les gares du réseau d'Orléans, publia l'entrefilet suivant :

On nous informe que M. Heurteau, directeur de la Compagnie d'Orléans, vient d'interdire la vente, dans toutes les gares de son réseau, de certaines publications au nombre desquelles figure l'*Assiette au beurre*.

C'est son droit, à ce qu'il semble. Mais on peut se demander quelles sont les raisons d'une rigueur à la fois excessive et inopinée. La compagnie a prévu notre angoisse. Ces journaux sont, dit-elle, *notoirement et régulièrement contraires aux bonnes mœurs*.

Les « bonnes mœurs » ! Le terme est au moins vague. Et, lorsqu'il s'agit de l'*Assiette au beurre*, il paraît impropre. Notre confrère n'a rien de commun avec les publications pornographiques susceptibles d'exciter, par exemple, les colères de M. Bérenger. C'est un journal dont la satire seule — et non la saleté — risque d'offenser certains lecteurs. En le boycottant sous prétexte de moralité, n'a-t-on pas laissé voir un peu imprudemment le bout de l'oreille ?

En tous les cas, il est assurément regrettable qu'à la censure officielle enfin supprimée après tant de luttes, vienne ainsi succéder une censure officieuse, plus sévère que la précédente.

Oui, il est infiniment regrettable qu'une censure *officieuse* et *illégale* soit venue remplacer la censure officielle. Car la censure dramatique est supprimée, en France, depuis l'année dernière ; la censure littéraire est supprimée depuis trente ans. Et se permettre d'interdire un journal. quel qu'il soit, sous quelque prétexte que ce soit, c'est faire un acte de censure ; c'est, par conséquent, commettre une illégalité ; c'est même entrer en révolte ouverte contre la loi qui a proclamé que la presse était libre (1).

Bérenger, Heurteau, Rödel's, vous êtes des révolutionnaires. Pis que cela : vous êtes des anarchistes !

(1) Une dizaine de journaux sont encore interdits, depuis cette date, dans les mêmes gares, malgré toutes les réclamations adressées à la Compagnie... et au ministère des Travaux publics.

Et ces jours derniers, le 20 avril 1907, M. Bérenger a écrit aux directeurs de toutes les grandes compagnies pour les engager à suivre cet exemple « *qui n'a jamais motivé aucune protestation et qui, par conséquent, forme jurisprudence* » (*sic*).

M. Bérenger affirme même qu'une circulaire ministérielle du 6 juin 1905 a rappelé aux compagnies qu'elles avaient *le droit le plus absolu d'interdire au concessionnaire des bibliothèques des gares, le dépôt ou la mise en vente dans les gares ou stations de* TOUTE PUBLICATION QU'ELLES CROIRAIENT DEVOIR PROHIBER.

M. le sénateur Bérenger, abusant de ses hautes fonctions, a menti sciemment, en prétendant que l'interdiction de la vente de certains journaux dans les gares de la Compagnie d'Orléans n'avait jamais motivé de protestation. Nous voulons croire qu'il ment encore en attribuant à un ministre républicain la paternité de cette soi-disant circulaire du 6 juin 1905.

— Regarde, chéri, comme ce sera gentil quand tu seras décoré !

Ce délicieux dessin de Louis Morin a été condamné par la 9e chambre, en la personne du directeur de la *Vie en rose*. L'outrage aux bonnes mœurs est un délit, tellement imprécis, tellement falot, qu'on poursuit tantôt des artistes, tantôt des imprimeurs, tantôt des directeurs de journaux. On peut d'ailleurs poursuivre tout le monde, y compris le clicheur et le marchand de papier.

CONCLUSION

La réforme de la loi de 1898 s'impose :

Au nom de la liberté de l'art ;

An nom de la liberté de la pensée ;

Au nom de la Liberté, — tout court.

Nous avons signalé quelques-uns des monstrueux abus que cette loi avait fait naître. Nous avons admis, sans discussion, que les publications obscènes et immorales constituaient un danger social. Mais si nous reconnaissons que la loi doit punir les fauteurs de ce danger, nous voulons qu'elle leur accorde, à eux comme à tous les délinquants, comme à tous les criminels, le minimum des garanties inscrites dans la Déclaration des Droits de l'homme et du citoyen.

Le délit d'outrage aux bonnes mœurs doit être défini.

La loi, d'accord avec la raison, doit établir une différence entre l'art et l'obscénité, entre la publication légère, la production de l'esprit français — voire même de l'esprit gaulois — et le commerce de la saleté.

L'*obscénité* est un délit ; la *publication légère* ou *licencieuse* en est un autre. Il faut que la loi ne permette plus de les confondre.

Et quand on aura établi cette distinction nécessaire, on n'exposera plus les juges à frapper de peines afflictives et infamantes des écrivains ou des artistes qui sont l'honneur et la gloire de la Patrie.

La France — la Gaule — est le pays des Villon, des Rabelais, des Montaigne, des Molière, des La Fontaine, des Voltaire, des Diderot, des Fragonard, des Lancret, des Watteau, des Flaubert, des Willette... Ces noms-là, c'est notre histoire, c'est notre bien, c'est notre patrimoine. C'est par eux que la France a grandi, c'est par eux qu'elle vivra, comme la Grèce a vécu par ses poètes, par ses artistes, par ses orateurs. La France, c'est l'Hellade; Paris, c'est Athènes.

Et nous ne voulons pas que l'on fasse de Paris — ni même de Bordeaux — la capitale de la Béotie.

LE LIVRE D'OR DES PORNOGRAPHES

Moïse — Salomon — Homère — Anacréon

Aristophane — Sophocle — Sapho — Socrate

Platon — Lucien — Phidias

Horace — Virgile — Ovide — Juvénal

Martial — Catulle — Lucain — Lucrèce — Suétone

Pétrone — Saint Augustin — Rabelais

L'Arioste — Villon — Béroalde de Verville

Boccace — Shakespeare

Marguerite de Navarre — Montaigne — Molière

Racine — La Fontaine — Rembrandt

Rubens — Voltaire — Diderot

Falconnet — Fragonard — Boucher — Watteau

Victor Hugo — Balzac — Flaubert

Baudelaire — Rops — Zola

Et tant d'autres, pour ne parler que des morts.

IMPRIMERIE BUSSIÈRE. — ST-AMAND, CHER